**Logli** Leseförderung

Christina Koenig

# Kleine Indianer auf Kriegspfad

Illustrationen von Corina Beurenmeister

Loewe

# ÜBERFALL!

Als Weiße Eule das Lager betritt,

schaut sie sich erschrocken um.

Die Zelte der Blaufedern sind umgestürzt,

und ihr Totempfahl ist mit Mist beschmiert.

Wo vorher die blaue Stammesfeder steckte,

klebt nun ein frischer Pferdeapfel.

So eine Schweinerei!

Weiße Eule ist sauer.

Das waren bestimmt die Schwarzfüße.

Die haben die Stammesfeder geklaut!

Das bedeutet Krieg.

Welche Wörter fehlen?

Lies nach, und ergänze sie.

Die _____ der Blaufedern sind umgestürzt.

Der Totempfahl ist mit Mist _____.

Weiße _____ ist sauer.

Das waren bestimmt die _____.

Bald trudeln auch die anderen ein:

Schlaue Ratte, Büffelhorn

und Kleiner Knopf, die jüngste von allen.

Erst gestern haben sie Weiße Eule

zu ihrem neuen Häuptling gewählt.


Alle sind entsetzt über das Chaos

und setzen sich im Kreis auf den Boden.

„Seitdem der doofe Krumme Hund

Anführer der Schwarzfüße ist,

haben wir nur noch Ärger mit denen",

schimpft Büffelhorn.

„Ihr wisst doch, was es bedeutet,

wenn sie uns noch mal überfallen."

Welche Sachen passen zu den Namen
der Indianer? Kreise die richtigen Dinge ein.

# HILFE, GEFAHR!

Wenn die Schwarzfüße es schaffen,

zweimal an einem Tag

das Lager der Blaufedern zu überfallen,

müssen die Blaufedern ihr Gebiet räumen.

So ist die Abmachung.

„Wir müssen jetzt verdammt aufpassen!",

sagt Häuptling Weiße Eule ernst.

„Ein zweiter Angriff der Schwarzis

muss unbedingt abgewehrt werden."

„Die sind aber doch mehr als wir",

bemerkt Kleiner Knopf ängstlich.

**LESE-RÄTSEL**

Was passiert, wenn die Schwarzfüße ein zweites Mal das Lager der Blaufedern überfallen? Kreuze das richtige Bild rot an.

Die Blaufedern müssen ihr Lager räumen.

Die Blaufedern müssen den Schwarzfüßen ein Lied vorsingen.

Die Blaufedern werden an den Totempfahl gebunden.

So gut es geht,

bringen die Blaufedern

ihr Lager wieder in Ordnung.

Sie richten die Zelte auf

und holen Wasser aus dem Bach,

um den Totempfahl zu schrubben:

einen bunt angemalten Baumstamm

mit einer gruseligen Maske obendrauf.

Kleiner Knopf sucht eine neue Feder

und steckt sie in den Totempfahl.


Dann halten die Indianer Kriegsrat.

Büffelhorn spendiert Kekse,

und sie schmieden einen tollen Plan.

# LESE-RÄTSEL

Was passiert zuerst, was danach?
Ordne die Bilder, und schreibe die Zahlen
von 1 bis 4 in die richtigen Kästchen.

# FINSTERE PLÄNE

Zur gleichen Zeit stecken auch

die Schwarzfüße ihre Köpfe zusammen.

Krummer Hund blickt finster drein.

Er will den ganzen Wald für seinen Stamm.

Nicht nur die Hälfte mit den Blaubeeren,

sondern die mit dem Bach noch dazu.

„Was ist ein Revier ohne Wasser?",

fragt Krummer Hund listig.

Die anderen sind unsicher,

aber sie sagen nichts.

Krummer Hund muss es ja wissen.

Welcher Satz ist richtig? Unterstreiche ihn.

Krummer Hund ist zufrieden.

Krummer Hund will den ganzen Wald für seinen Stamm.

Die anderen Schwarzfüße sind begeistert.

Bei den Blaufedern geht es gut voran.

Schlaue Ratte entwirft einen Lageplan

und zeigt die Schwachstellen,

auf die sie besonders achten müssen.

Dort könnten die Schwarzfüße angreifen.


Eine Gefahrenstelle ist der Bach,

da, wo die Bretterbrücke herüberführt.

Und hinter den dichten Büschen

kann man sich gut verstecken.

Auch der alte Hochstand ist ein Problem.

Wenn die Schwarzfüße den besetzen,

können sie das ganze Lager beobachten

und einen günstigen Moment abwarten.

Welche Orte müssen besonders
gegen einen Angriff gesichert werden?
Kreuze die Gefahrenstellen an.

# Los geht's

Als Nächstes muss Material her.

Die Blaufedern reiten eilig los.

Kleiner Knopf organisiert Schnur.

Weiße Eule einen Kassettenrekorder.

Schlaue Ratte eine alte Säge mit Holzgriff.

Und Büffelhorn bringt seinen Hund mit.

Der soll bellen und die Angreifer verjagen.


„Perry, bellen!", befiehlt Büffelhorn

und knurrt, als wäre er selbst ein Hund.

„Wuff", macht Perry lahm.

Da müssen die anderen lachen.

Was bringen die Indianer mit? Verbinde die Sachen mit dem jeweils richtigen Kind.

Kleiner Knopf knöpft sich die Bäume vor

und bastelt eine Stolperfalle.

Papas Angelschnur ist genau richtig dafür.

Sie ist fest und total durchsichtig.

Außerdem hasst Kleiner Knopf Bratfisch.

Und der fällt nun erst mal aus!


Kleiner Knopf wickelt die Schnur

um das ganze Lager herum.

Das Ende behält sie in der Hand,

dann versteckt sie sich hinter einem Busch.

Wenn nun ein Schwarzfuß ins Lager will,

rennt er gegen die Schnur.

Und Kleiner Knopf schlägt Alarm.

Welches Gericht mag Kleiner Knopf nicht?
Streiche es durch, und male die anderen
Gerichte farbig aus.

# STINKEGLITSCH

Büffelhorn hockt am Bach

und schöpft Wasser in einen Eimer.

Dabei beobachtet er ständig die Umgebung.

Im Lager rührt er den Pferdemist dazu,

den sie vom Totempfahl gekratzt haben.

Bald wird den Schwarzfüßen

die eklige Pampe um die Ohren fliegen.

Das haben sie jetzt davon.


Büffelhorn schleppt den Stinkeglitsch

zum alten Hochstand.

Dort soll er eingesetzt werden.

Was braucht Büffelhorn, um Stinkeglitsch zu machen? Kreuze die richtigen Dinge an, und schreibe die Namen der Zutaten auf.

Weiße Eule hat vom Hochstand aus

alle Sträucher und Büsche im Auge.

Plötzlich knacken unter ihr Zweige.

Eindringlinge! Schwarzfüße!

Sofort stellt Weiße Eule

ihren Kassettenrekorder an.

Furcht erregende Wölfe heulen los,

gefährliche Raubkatzen fauchen

und wütende Bären brüllen.

Anstelle eines Feindes jedoch

wackelt Büffelhorn die Holzleiter hoch.

„Verdammt schwer, der Mist!", stöhnt er.

Weiße Eule atmet erleichtert auf.

Welche Tiere sind auf der Kassette zu hören?
Kreise sie ein.

# GESCHAFFT!

Schlaue Ratte macht sich am Steg

über dem Bach zu schaffen.

„Ritscheratscheritsche", geht seine Säge.

Schlaue Ratte sägt, so kräftig er kann.

Aber außer ein paar Kratzern im Holz

bewirkt er gar nichts.

„So ein Mist!", schimpft Schlaue Ratte.


Dann reißt er das Holzbrett einfach raus

und ersetzt es durch ein ganz morsches.

Wenn nun ein Schwarzfuß den Steg betritt,

wird er ein schönes Vollbad nehmen.

Woraus baut Schlaue Ratte den neuen Steg?
Kreuze das richtige Material an, und male die
helle Stelle passend aus.

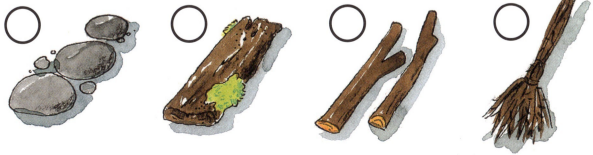

Als alles vorbereitet ist,

geben sich die Blaufedern ihre Zeichen.

Weiße Eule macht dreimal „Uhu-uhu".

Schlaue Ratte gibt drei Blinkzeichen

mit einer Spiegelscherbe.

Und Büffelhorn bläst dreimal kurz

auf einem Grashalm.

Nur Kleiner Knopf macht nichts.

Sie hat ihr Zeichen leider vergessen.


Dann legen sich die Freunde auf die Lauer.

Baumwipfel rauschen, Vögel flattern,

aber weiter passiert nichts.

Bald schon ist es todlangweilig.

Was stimmt in diesem Bild nicht?
Kreise die beiden Fehler ein.

# ATTACKE!

Büffelhorn und sein Hund Perry

machen es sich gerade im Zelt gemütlich,

als die Schnur von Kleiner Knopf ruckt.

„Alaaarm! Alaaarm! Alaaarm!",

schreit Kleiner Knopf so laut sie kann.


Auf dem Hochstand heulen die Wölfe los.

„Uuhhhhhh...uuhhhhhh..."

Schlaue Ratte rast zur Stolperschnur.

Ein Schwarzfuß hat sich darin verheddert.

„Be, befrei mich, bi, bi, bitte", bibbert er.

„Das sind doch Wö, Wö, Wölfe."

Welche Namen fehlen? Lies nach,
und füge die richtigen Namen ein.

_____ schreit „Alaaarm! Alaaarm!"

_____ rast zur Stolperschnur.

Ein _____ hat sich in der Schnur verheddert.

Oben auf dem Hochstand

greift Häuptling Weiße Eule

den Eimer mit dem Stinkeglitsch.

Da schleicht ein Schwarzfuß herbei

und sucht Deckung.

Weiße Eule holt schwungvoll aus,

und der Stinkeglitsch hat ihn erwischt.

Der Schwarzfuß rennt jammernd davon.


„Haha, Pferdemist auf zwei Beinen!",

ruft Weiße Eule und lacht sich schlapp.

Als der Schwarzfuß den Steg erreicht,

macht es laut „krach".

Dann liegt er pudelnass im Bach.

LESE-RÄTSEL

Welches Bild passt nicht zum Text?
Streiche es durch.

# GLÜCK GEHABT?

Die Blaufedern machen einen Luftsprung.

Sie haben ihr Lager erfolgreich verteidigt.

Alle Schwarzfüße sind geflüchtet!

Die Schlacht ist gewonnen!


Aber was tun sie mit den zwei Gefangenen?

Häuptling Weiße Eule überlegt.

„Geklaute Stammesfeder gegen Freiheit?",

schlägt sie den Gefangenen vor.

Die Schwarzfüße sind einverstanden

und geben ihr Indianerehrenwort.

Alles scheint in bester Ordnung.

Was wollen die Blaufedern
von den Schwarzfüßen zurückhaben?
Kreuze das richtige Bild an.

„Perry ist verschwunden",

ruft Büffelhorn plötzlich entsetzt.

„Perry! Perry, bei Fuß!"

Aber Perry taucht nicht auf.

„Perry ist bestimmt entführt worden",

sagt Büffelhorn schließlich traurig.


„Ruf ihn doch mit der Hundepfeife",

schlägt Schlaue Ratte vor.

Büffelhorn macht einen Versuch.

Tatsächlich bellt irgendwo ein Hund.

„Ist das denn Perry?", fragt Kleiner Knopf.

„Das werden wir gleich wissen",

antwortet Büffelhorn und rennt los.

Warum rennt Büffelhorn los? Male einen
Knochen in die richtige Gedankenblase.

Büffelhorn rennt los, weil ein Schwarzfuß hinter ihm her ist.

Büffelhorn rennt los, weil er Perry suchen will.

Büffelhorn rennt los, weil er ein Eis möchte.

# PERRY WIRD BEFREIT!

Büffelhorn hat es bereits geahnt:

Perry ist in der Hand von Krummer Hund.

„Schmusehund Perry gegen euer Revier",

schlägt Krummer Hund vor und grinst.

Perry zerrt ungeduldig an seiner Leine

und ist so traurig wie sein Herrchen.

Aber die Blaufedern sind mutig!

Laut johlend stürmen sie los,

um den armen Perry zu befreien.

„Blaufedern greifen mich an!! Hilfeee!"

Aber Krummer Hund brüllt umsonst.

Was ist mit Perry passiert?
Kreuze das richtige Bild an.

Krummer Hund schäumt vor Wut.

„Warum habt ihr mir nicht geholfen?",

meckert er los, als die Schwarzfüße

hinter den Büschen auftauchen.

„Bin ich euer Häuptling, oder was?"

„Du bist nicht mehr unser Häuptling",

sagt Dicker Dachs seelenruhig.

„Du hast gegen den Ehrenkodex verstoßen.

Du bist ein schlechter Verlierer

und ein mieser Erpresser noch dazu."

Alle Indianer sind erleichtert.

Dicker Dachs holt seine Trommel.

Gemeinsam tanzen sie einen Friedenstanz.

Welche beiden Sätze sind falsch?
Streiche sie durch.

Perry lässt traurig den Schwanz hängen.

Krummer Hund trommelt.

Die Indianer tanzen einen Friedenstanz.

# ALLES BLAUMÜNDER

Nach dem Tanzen haben alle Hunger.

Die Schwarzfüße laden die Blaufedern

zu einem super Blaubeer-Essen ein.

Und bald sind alle Blaumund-Indianer.

Krummer Hund ist ganz kleinlaut.

„Und jetzt 'ne Wasserschlacht im Bach!",

ruft Weiße Eule ausgelassen.

„Jetzt laden *wir* euch ein!"

Alle rennen los und wollen Erster sein.

Auch Krummer Hund macht wieder mit.

Der Kriegspfad, der ist längst vergessen.

Was ist auf dem Bild anders, als es im Text beschrieben ist? Male es richtig.

# Lösungen

**Seite 3:** Die *Zelte* der Blaufedern sind umgestürzt.
Der Totempfahl ist mit Mist *beschmiert*.
Weiße *Eule* ist sauer.
Das waren bestimmt die *Schwarzfüße*.

**Seite 5:** Diese Sachen passen zu den Namen der Indianer: Knopf, Büffel, Ratte und Eule.

**Seite 7:** Die Blaufedern müssen ihr Lager räumen.

**Seite 9:** Das ist die richtige Reihenfolge:

**Seite 11:** Dieser Satz ist richtig: Krummer Hund will den ganzen Wald für seinen Stamm.

**Seite 13:** Das sind die Gefahrenstellen: der Bach, das dichte Gebüsch und der Hochstand.

**Seite 15:** Kleiner Knopf bringt die Angelschnur mit, Weiße Eule den Kassettenrekorder, Schlaue Ratte die Säge und Büffelhorn den Hund.

**Seite 17:** Kleiner Knopf mag keinen Bratfisch.

**Seite 19:** Büffelhorn braucht Wasser und Pferdemist, um Stinkeglitsch zu machen.

**Seite 21:** Auf der Kassette sind Wölfe, Raubkatzen und Bären zu hören.

**Seite 23:** Schlaue Ratte baut den neuen Steg aus einem morschen Brett.

**Seite 25:** Das stimmt nicht auf dem Bild: Büffelhorn bläst auf einer Trillerpfeife statt auf einem Grashalm. Und Kleiner Knopf trommelt auf einem Eimer. Im Text steht aber, dass sie nichts tut, weil sie ihr Zeichen vergessen hat.

**Seite 27:** *Kleiner Knopf* schreit „Alaaarm! Alaaarm!"
*Schlaue Ratte* rast zur Stolperschnur.